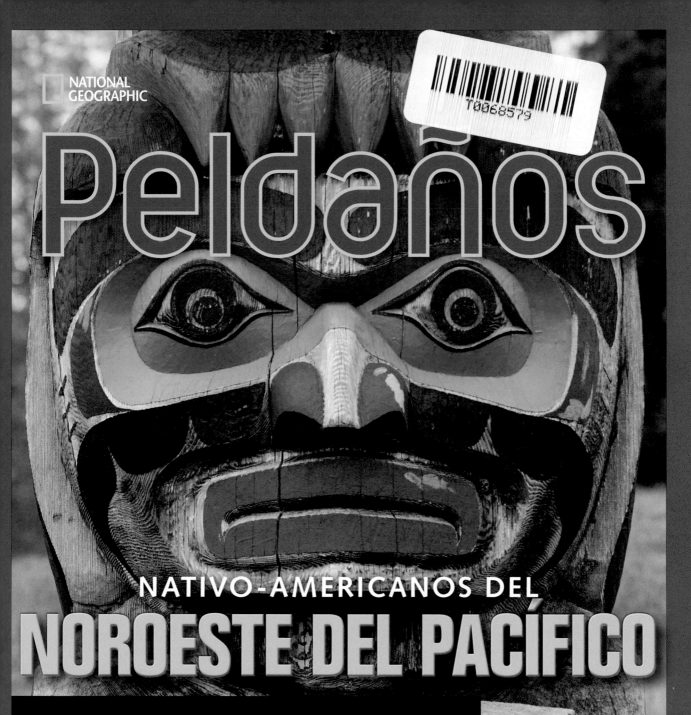

NATIONAL GEOGRAPHIC

Peldaños

NATIVO-AMERICANOS DEL
NOROESTE DEL PACÍFICO

GÉNERO Artículo de Estudios Sociales

Lee para descubrir qué representan los tótems del noroeste del Pacífico.

TÓTEMS ELEVADOS

por Debbie Nevins

Es un arte. Es una tradición. Es un cuento. Bestias fantásticas de colores brillantes, como la ballena asesina, el cuervo, el lobo y la legendaria ave estruendosa están tallados en un alto tronco de cedro. ¡Es un tótem!

Estos poderosos animales y feroces rostros son **símbolos** con significados especiales. Pueden representar a figuras legendarias o ancestros reales. Los colores prominentes, las líneas intensas y las figuras fluidas cuentan relatos sobre la vida de una persona, una familia o una tribu.

Los tótems son parte de la cultura del pueblo nativo-americano del noroeste del Pacífico. Estas personas viven en las regiones costeras de Oregón, Washington, el sur de Alaska y la provincia canadiense de Columbia Británica. Los nativo-americanos comenzaron a hacer tótems mucho antes de que los primeros colonos europeos llegaran hace cientos de años.

∧ En el parque Stanley en Columbia Británica, Canadá, se comenzó a reunir tótems en la década de 1920. El tótem más reciente llegó en 2009. No todos los tótems son auténticos. Algunos son copias de los originales.

3

¿QUIÉN TALLÓ EL PRIMER TÓTEM?

Si fueras a investigar los primeros tótems, no los encontrarías. Se pudrieron hace mucho tiempo. Pero puedes leer sobre los primeros tótems en las leyendas de los que los hicieron por primera vez.

Hace años, las tribus del noroeste del Pacífico, incluidos los haida, los tlingit y los tsimshian, no tenían un idioma escrito. En cambio, transmitían información sobre su historia y cultura contando cuentos. Esta costumbre se llama **tradición oral**. Cada generación repitió esos cuentos a sus hijos. Registraron esos cuentos en los tótems.

∧ Esta fotografía de la década de 1860 muestra a personas tlingit delante de dos tótems, junto con el fotógrafo Eadweard Muybridge.

Los ancianos tribales se reúnen en Hee-Ghums, Columbia Británica, Canadá, para levantar un tótem.

Cuenta la leyenda que los espíritus les enseñaron a las personas a tallar sus cuentos en altos troncos de árboles. Solían usar el cedro rojo del Pacífico porque crecían muchos de estos árboles en la zona, y el tronco era recto y fácil de tallar.

Algunos tótems honraban a los muertos, mientras que otros celebraban un nacimiento o una boda. Un tótem fuera de la casa de una persona importante o adinerada mostraba su orgullosa historia familiar. Pero a veces los tótems contaban cuentos de crímenes. Y si alguien realmente metía la pata, podía tallarse un tótem de la vergüenza para avergonzarlo.

LEER UN TÓTEM

Cada rostro de un tótem es un símbolo. Los cuentistas nativo-americanos interpretan los símbolos para comprender el tótem. Los símbolos pueden significar diferentes cosas para cada tribu, pero todos celebran el lazo entre las personas y la naturaleza. Los animales son del noroeste del Pacífico: el oso, la ballena, el lobo, el águila, el castor, el cuervo. Pueden representar cualidades como la inteligencia o el trabajo laborioso. Pero más que nada representan la tierra, la vida y el espíritu de las personas.

ESPÍRITU DE LOS TRUENOS

Esta mítica ave es el espíritu más poderoso para las tribus del noroeste del Pacífico. Suele coronar un tótem. Cuenta la leyenda que el parpadeo de sus ojos produce los relámpagos y sus alas extendidas producen los truenos.

> Ellen Neel, la primera mujer talladora del noroeste, hizo este tótem con su tío.

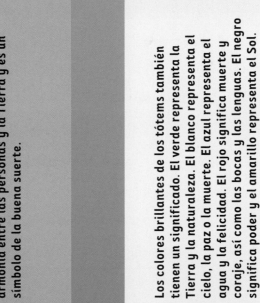

EL OSO Y LA ORCA

El oso es un símbolo de poder y se lo respeta mucho. La orca, o ballena asesina, representa la unidad familiar, porque las orcas siempre permanecen vinculadas con su familia.

EL HOMBRE Y LA RANA

La rana representa la riqueza. También se cree que es una comunicadora que mantiene la armonía entre las personas y la Tierra y es un símbolo de la buena suerte.

COLORES

Los colores brillantes de los tótems también tienen un significado. El verde representa la Tierra y la naturaleza. El blanco representa el cielo, la paz o la muerte. El azul representa el agua y la felicidad. El rojo significa muerte y coraje, así como las bocas y las lenguas. El negro significa poder y el amarillo representa el Sol.

LOS TÓTEMS EN LA ACTUALIDAD

El arte de la talla de tótems casi se perdió durante fines del siglo XIX. Por un tiempo, se presionó a los nativo-americanos para que abandonaran sus costumbres. Pero los nativo-americanos modernos están volviendo a aprenderlas y a honrar su cultura. Los artesanos tribales tallan nuevos tótems usando métodos tradicionales y herramientas manuales. Están descubriendo la destreza que usaban sus ancestros para crear esas asombrosas esculturas.

En la actualidad se puede **comisionar**, o contratar, a un artista para que haga un tótem. Un tótem **auténtico**, o real, debe estar hecho por un tallador capacitado de una de las tribus del noroeste del Pacífico. Debe levantarse según la costumbre, en una ceremonia con tambores, canto y danza.

Los nativo-americanos actuales están orgullosos de aprender el arte de sus ancestros. —Cuando empecé a tallar tótems, comencé a sentirme vinculado a mi pueblo, mi historia, mi cultura —dice Tommy Joseph, un tallador tlingit que vive en Alaska—. Mi trabajo me hace sentir parte de la visión general.

Este moderno tallador suquamish aprendió este arte de su padre.

Compruébalo ¿Qué representan los tótems del noroeste del Pacífico?

GÉNERO Cuento popular

Lee para descubrir los orígenes de la orca en las leyendas del noroeste del Pacífico.

La LEYENDA de la ORCA

adaptación de Laura Mansilla

ilustraciones de Alexandra Ball

Los nativo-americanos tienen una rica tradición oral. Les han contado cuentos a sus hijos y sus nietos durante generaciones. Esos cuentos ayudan a transmitir su historia, costumbres sociales y creencias. Muchas leyendas del noroeste del Pacífico giran en torno a animales marinos. Leamos la tradicional leyenda tlingit de la ballena asesina, también conocida como orca.

Hace mucho, mucho tiempo, cuando el mundo todavía era joven, la Mujer Cobre creó a Lobo Blanco. Este era su creación más bella, por lo tanto, le dio poderes especiales. Lobo Blanco podía correr más rápido, saltar más alto y nadar más lejos que todos los otros animales, y su pelaje brillaba como las estrellas. Pero Lobo Blanco no era como otros lobos, y era difícil encontrar amigos que pudieran estar a su altura.

—Abuela —preguntó—, ¿no hay otros animales que se parezcan a mí?

—Bueno, no, Lobo Blanco —dijo Mujer Cobre, sorprendida por la pregunta de Lobo Blanco—. Realmente eres único.

Lobo Blanco se sentía triste por esto, así que recorrió el mundo en busca de una jauría con la que pudiera correr. Buscó por todos lados, pero no encontró ningún otro lobo como él. Cansado y desilusionado, Lobo Blanco se acurrucó para descansar debajo de su cedro favorito. Se quedó dormido y tuvo una poderosa visión.

—Lobo Blanco —dijo una voz misteriosa—. ¡Debes viajar a las profundidades del mar para cantar sobre la historia del mundo! Lobo Blanco estaba profundamente conmovido por su visión y corrió hasta Mujer Cobre para compartir su noticia.

—Oh, Lobo Blanco —suspiró la sabia Mujer Cobre—. Eres el animal más bello de todos, pero ahora debo dejarte ir. Sé feliz, pues ya no estarás solo—. Luego Mujer Cobre convirtió a Lobo Blanco en una enorme ballena asesina negra. Para que no se olvidara de su pasado como lobo blanco, Mujer Cobre pintó su cuerpo con marcas blancas. Luego lo liberó en el mar. Mientras nadaba en el agua, la primera ballena asesina, u orca, de la Tierra comenzó a cantar sobre el mundo. Muchas criaturas marinas se agruparon para escuchar su bella canción.

Con el tiempo, las personas comenzaron a establecerse en las costas. Cada tanto, podían oír la canción de la orca. A un cazador joven y diestro que se llamaba Natsilane le encantaba la música de la orca. Se sentaba en un acantilado que dominaba el océano y escuchaba la canción grave y distante de la orca mientras esperaba que pasaran los alces. Natsilane estaba casado con una mujer maravillosa, pero sus tres hermanos estaban celosos de lo hábil que era Natsilane en la caza. En un viaje en canoa, cierto día, los cuñados dejaron a la deriva a Natsilane en una isla.

Parecía que Natsilane se iba a perder para siempre, pero después de mucho tiempo, un grupo de leones marinos llegó a él nadando. —Te rescataremos —dijeron los leones—, pero necesitaremos tu ayuda. Natsilane trepó a la espalda de la criatura más grande y fue con ellas a la aldea para reunirse con su cacique enfermo. Natsilane curó al cacique usando plantas locales especiales como medicina.

Los leones marinos se regocijaron, pero Natsilane seguía enojado con sus cuñados. —Natsilane —dijo el cacique—, eres un hombre amable y te han agraviado. Te daré el poder de tallar ocho ballenas asesinas. Luego debes ponerlas en el mar.

Natsilane siguió las instrucciones del cacique. Cuando puso las tallas en el agua, se convirtieron en ballenas asesinas de verdad. Las ballenas divisaron a los tres cuñados en una excursión en bote y dieron vuelta su canoa. Nunca más se vio a los hermanos.

Natsilane sentía mucho respeto por las poderosas orcas. Construyó una casa en una aldea cercana y la llamó Casa Orca. Llevó a su esposa allí y la aldea se convirtió en su hogar.

Con el tiempo, la aldea creció. Los pobladores honraban a la orca y usaban su imagen para adornar su arte y artesanías. Se creía que si una orca los salpicaba, era buena suerte.

Los aldeanos recordaron el cuento de los cuñados. Decidieron que nunca iban a hacer daño a una orca para que no les dieran vuelta sus canoas. El cacique de la aldea murió unos años después, y una orca nadó cerca de la costa como si estuviera asistiendo al funeral. Desde entonces, los aldeanos honran a las orcas que nadan cerca de la costa. Creían que las orcas eran espíritus de seres humanos que visitaban a su familia. En la actualidad, las personas todavía se sientan en los acantilados y observan cómo las orcas pasan nadando. Quizá una de ellas es descendiente de Natsilane.

Compruébalo ¿Qué sienten los aldeanos con respecto a las orcas?

EL CACIQUE SEATTLE

por Laura Breedlover

Una tribu invasora remaba con lentitud por el Río Blanco hacia el territorio de otra tribu. Pero un joven lushootseed conocido como Si'ahl esperaba en secreto con un plan inteligente. Cuando el momento fuera apropiado, Si'ahl y sus hombres voltearían árboles en el agua, rompiendo las canoas de sus enemigos y deteniendo el ataque.

La inteligente planificación de Si'ahl protegía a su pueblo de las tribus rivales. También hacía que Si'ahl fuera un cacique tribal respetado a una edad joven.

Si'ahl o "Seattle", como lo llamaron los colonos, nació cerca de Puget Sound en 1790, aproximadamente. Se sabe poco sobre el comienzo de su vida. Sabemos que en 1792, el explorador británico George Vancouver llegó con su tripulación a bordo del barco *Discovery*. El pueblo de la región les ofreció flechas, peces y brazaletes tallados. A cambio, recibieron cobre y otros metales.

Como líder, Seattle conocía el beneficio de las amistades con mercaderes y colonos. También aprendió que vivir con ellos traía problemas, como las enfermedades. Esto mató a muchos de los suyos.

> El escultor James A. Wehn creó las representaciones que se ven aquí en una moneda de 1915 (izquierda) y una estatua (derecha). La estatua se yergue cerca de la torre Space Needle en Seattle, Washington.

Puget Sound es un pasaje de agua angosto entre la ciudad de Seattle y la península Olympic de Washington. Es el hogar del cacique Seattle.

El guerrero de Puget Sound

El primer registro escrito de Seattle lo describía como alto y fornido con una voz estruendosa. Muchos mercaderes le temían. Los mercaderes franceses lo llamaban Le Gros, o "El Grandote".

El cacique Seattle era inteligente en la batalla. Se lo admiraba por su coraje y liderazgo. Su objetivo principal era mantener a su pueblo a salvo, próspero y en paz. Pero también podía liderar ataques exitosos cuando era necesario.

Seattle se hizo conocido por mantener la paz con los colonos. Formaron sociedades e incluso abrieron pesquerías juntos en la década de 1850. Pronto, los colonos honraron a Seattle poniéndole su nombre a su aldea.

Desafortunadamente, la paz entre las tribus y los colonos no duró. El gobierno de los Estados Unidos y las compañías ferroviarias querían las tierras tribales para un ferrocarril. Seattle y otros caciques locales se encontraron en una situación difícil.

LA VIDA DEL CACIQUE SEATTLE

1775

cerca de 1790 Seattle nace en una aldea cerca de Puget Sound.

1792 George Vancouver, uno de los primeros exploradores, conoce a Seattle en persona.

cerca de 1826 Se reconoce a Seattle como líder, o cacique.

1833 Se funda el fuerte Nisqually, el primer asentamiento europeo en Puget Sound.

1853 La aldea de comercio recibe el nombre Seattle en honor al cacique Seattle. Se forma el territorio de Washington.

1853 El gobernante Isaac Stevens comienza a comprar y apoderarse de tierras tribales. Confina a las tribus a reservas.

1855 Se firma el tratado de punto Elliott. Es un acuerdo por el que se retira gran parte de la tierra a los nativos.

1866 El cacique Seattle muere. Este cartel señala su tumba en el Cementerio Memorial Suquamish en Washington.

1875

Legado del cacique Seattle

Los colonos intentaron reclamar la tierra como propia y crearon conflictos con los nativo-americanos que siempre habían vivido allí.

En 1855, Isaac Stevens, gobernador del Territorio de Washington, negoció con las tribus. Crearon el Tratado de punto Elliott. Un **tratado** es un acuerdo formal entre grupos para resolver un conflicto.

El tratado establecía que las tribus podían permanecer en el área pero tenían que vivir en reservas, tierras que se apartaban para ellos.

En el tratado también se prometía que las tribus podían pescar donde siempre lo habían hecho. Pero el gobierno de los EE. UU. no mantuvo su promesa ni muchas de las otras promesas que había hecho en el tratado.

El conflicto entre las tribus nativas y el gobierno continuó durante años. Las tribus finalmente firmaron el tratado y perdieron la tierra que fuera su hogar por más de 10,000 años.

Seattle tomó una difícil decisión cuando firmó el tratado. Sabía que no se podía detener a los colonos. Creía que el tratado protegía a su pueblo permitiéndole permanecer en la región.

Seattle moderna, Washington

Se obligó a muchas tribus a mudarse de su hogar. El hecho de que el pueblo del cacique Seattle sigue viviendo en la región de Puget Sound en la actualidad es su **legado**, o un regalo o acto valioso que vale la pena recordar de alguien del pasado.

El cacique Seattle compartió su punto de vista sobre el tratado en un discurso. El discurso apareció por primera vez en un periódico de Seattle 22 años después.

Discurso del cacique Seattle

Hubo un tiempo en el que nuestro pueblo cubría la tierra como las olas en un mar encrespado por el viento cubren el fondo cubierto de conchas marinas. Pero ese tiempo hace mucho que desapareció junto con la grandeza de las tribus que ahora están casi olvidadas.

Su proposición parece justa y creo que mi pueblo la aceptará y se retirará a la reserva que usted le ofrece. Entonces, viviremos separados en paz.

Pero, si la aceptamos, yo aquí y ahora pongo esta primera condición: que no se nos niegue el privilegio de visitar las tumbas de nuestros ancestros y amigos.

Cada parte de este país es sagrado para mi pueblo. Cada ladera, cada valle, cada llanura y huerto ha sido consagrado por algún triste o feliz suceso de mi tribu.

Compruébalo ¿Cómo se recuerda al cacique Seattle?

TRADICIÓN TLINGIT

Nueve miembros de la tribu tlingit remaban con gracia una canoa hecha a mano por el río Potomac al ritmo constante de un tambor. Parecía una vieja ceremonia. Pero era 2008, y la canoa se dirigía al Museo Nacional Smithsoniano de Historia Natural en Washington, D.C.

Espíritu del

por Julie Larson

24

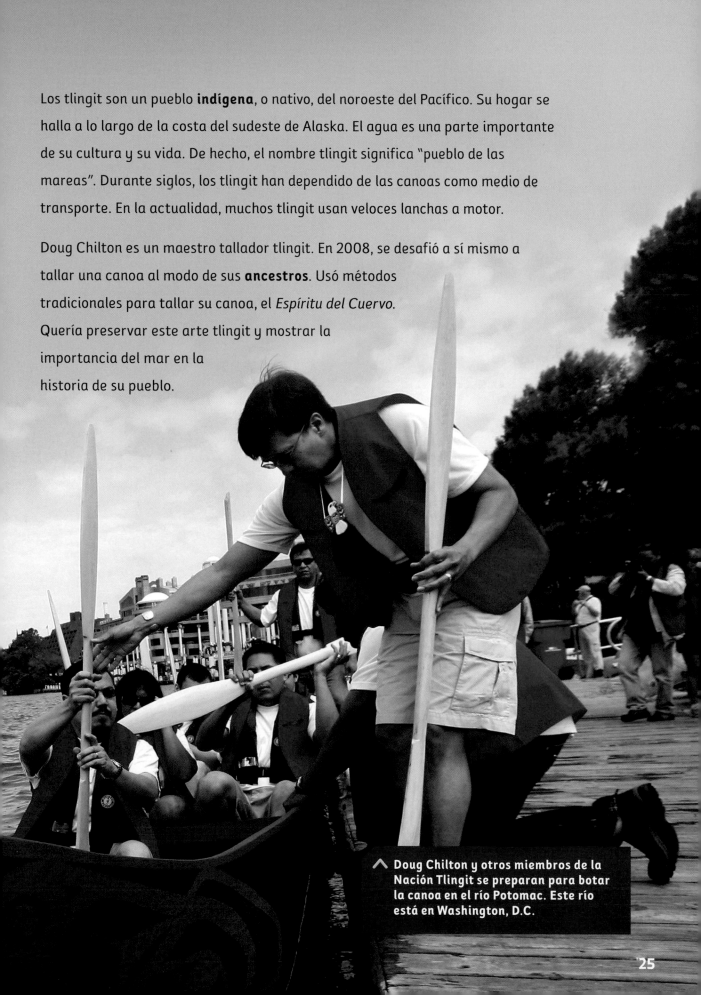

Los tlingit son un pueblo **indígena**, o nativo, del noroeste del Pacífico. Su hogar se halla a lo largo de la costa del sudeste de Alaska. El agua es una parte importante de su cultura y su vida. De hecho, el nombre tlingit significa "pueblo de las mareas". Durante siglos, los tlingit han dependido de las canoas como medio de transporte. En la actualidad, muchos tlingit usan veloces lanchas a motor.

Doug Chilton es un maestro tallador tlingit. En 2008, se desafió a sí mismo a tallar una canoa al modo de sus **ancestros**. Usó métodos tradicionales para tallar su canoa, el *Espíritu del Cuervo*. Quería preservar este arte tlingit y mostrar la importancia del mar en la historia de su pueblo.

∧ Doug Chilton y otros miembros de la Nación Tlingit se preparan para botar la canoa en el río Potomac. Este río está en Washington, D.C.

ELEGIR UN ÁRBOL

Para lograr estos objetivos, Chilton reunió un equipo de artistas en Juneau, Alaska. Comenzaron a transformar un tronco de cedro de 26 pies de largo en una canoa hermosamente decorada. Usaron herramientas y métodos tradicionales tlingit.

Los tlingit realizan ceremonias a lo largo del proceso de construcción de canoas. Primero, agradecen al árbol que eligen tallar. Una vez que Chilton encontró el árbol,

∨ Una tamborilera marca el tiempo a los remeros del *Espíritu del Cuervo*.

explicó cómo lo iba a usar y ofreció alimento a su espíritu. Esparció una manta con plumas de ganso hacia abajo para proteger el árbol cuando cayera. Luego taló el árbol. Chilton y su equipo realizaron las mismas ceremonias que el pueblo tlingit realizaba hace 500 años.

TALLAR UNA CANOA

En el proceso moderno de construcción de una canoa se usan motosierras para ahuecar el centro de un tronco. Esta es la única parte del proceso que no es tradicional. Los antiguos talladores tlingit habrían encendido una fogata en el centro del tronco y lo habrían dejado quemarse. Luego habrían ahuecado el área quemada con una herramienta parecida a un martillo llamada *adze*.

Los talladores llenan el tronco ahuecado con agua que se ha calentado con rocas calientes. El vapor suaviza el tronco. Se colocan trozos largos y delgados de madera llamados *travesaños* horizontalmente en el fondo de la canoa. Los travesaños dan al bote su forma y sustento. Los talladores usan cuchillos para agregar diseños a los costados y la popa, o extremo trasero, del bote.

La canoa se seca y se ahúma sobre una fogata. Esto oscurece la madera. Para el *Espíritu del Cuervo*, Chilton usó una pintura hecha de minerales, huevos de salmón y hule de abeto (un hule de árboles) con una brocha hecha de pelo de oso o puercoespín.

EL CUERVO

El pueblo tlingit cree que cada canoa tiene su propio espíritu. Cada canoa está decorada con ilustraciones que reflejan la conexión espiritual de la canoa con los animales. Se suele colocar una figura ornamental de un animal en la **proa**, o parte delantera de la canoa. El *Espíritu del Cuervo* no es la excepción.

Mientras que Chilton preparaba la madera para tallarla, observó que un cuervo con un ala herida lo miraba. Más tarde, cuando tallaba la canoa, un cuervo herido fue otra vez a mirarlo. ¿Habrá sido la misma ave?

▲ Miembros de la Nación Tlingit de pie con la canoa de cedro rojo de 26 pies de largo.

Chilton consideró una bendición que esta ave estuviera supervisando el proyecto. Agregó un ornamento de un cuervo con un ala lastimada a la proa. Llamó a la canoa *Espíritu del Cuervo* en su honor.

El cuervo tiene un rol importante en las leyendas de los pueblos del noroeste del Pacífico. Se cree que es una combinación de espíritu, ser humano y ave. El cuervo puede ser embaucador, pero también es un símbolo de cambio en el mundo.

< Chilton y el equipo publicaron videos de su trabajo en el *Espíritu del Cuervo* en Internet. Todo el mundo podía ver las etapas del tallado tlingit.

UN VIAJE LARGO

El *Espíritu del Cuervo* ya terminado recorrió 3,000 millas desde Juneau, Alaska, hasta Washington, D.C. En la capital, Chilton y varios miembros tlingit más llevaron con orgullo la canoa hasta el borde del río Potomac. La botaron al ritmo de los tambores tlingit. El grupo realizó una ceremonia para dar oficialmente su nombre a la canoa.

▽ El *Espíritu del Cuervo* es una canoa de mar. Es más grande que una canoa de agua dulce y tiene un diseño diferente.

El *Espíritu del Cuervo* finalmente llegó a su destino, el Museo Nacional Smithsoniano de Historia Natural. La canoa cuelga del techo, donde los visitantes pueden admirarla con facilidad. El *Espíritu del Cuervo* representa la conexión que tiene la Nación Tlingit con la naturaleza, los cedros rojos y las diversas maneras en las que su pueblo ha honrado y dependido del mar.

Compruébalo   ¿Cuál fue el propósito de crear el *Espíritu del Cuervo*?

Comenta

1. ¿Qué conexiones puedes establecer entre los cuatro artículos de este libro?
   ¿Cómo se relacionan los artículos?

2. Las leyendas suelen transmitir las costumbres, los valores y las creencias de las
   personas. ¿Qué valores y modos de vida enseña "La leyenda de la orca"?

3. Explica por qué crees que las formas tradicionales de arte, como la creación de los
   tótems y las canoas, eran importantes para las personas de la antigüedad y
   todavía se crean y se usan en la actualidad.

4. ¿Cómo afectó la llegada de los colonos al noroeste del Pacífico la vida de las tribus
   locales? ¿Cómo expresó el cacique Seattle los sentimientos de su pueblo con respecto
   a mudarse a reservas?

5. ¿Qué más te gustaría saber sobre los nativo-americanos del noroeste del Pacífico?